AF404317

# ELOGE

## DE MAURICE

# COMTE DE SAXE,

Duc de Semigalle et de Curlande, Marechal general des Armees de Sa Majeste Tres- Chretienne.

## DISCOURS

QUI A REMPORTE LE PRIX

de l'Académie Françoise en 1759.

## A PARIS

M. DCC. LXIII.

# ELOGE

## DE MAURICE

## COMTE DE SAXE.

**T**OUT homme qui a de grandes vertus ou de grands talens, a droit de prétendre à nos hommages, quand même placé loin de nous par la nature, jamais il n'eut influé sur notre bonheur. Le fondement de cette espece de culte, c'est la gloire que les grands Hommes répandent sur l'humanité qu'ils honorent, & le besoin que nous avons de ces êtres supérieurs, pour suppléer à notre foiblesse. Mais si né parmi nous, ou fixé par choix dans notre patrie, il a servi l'Etat par ses talens, s'il l'a éclairé par ses lumieres, s'il l'a orné par ses vertus, alors la reconnoissance nous fait un devoir sacré de ce



tri-

tribut de vénération & d'amour. L'intérêt même du genre humain exige, réclame cet hommage. Un grand Homme eſt un ouvrage long & pénible de la nature. Cette mere féconde de tant d'êtres qu'elle crée en ſe jouant, ſemble ne produire celui-ci qu'avec une réflexion profonde & lente. Qui ſait ſi nous ne pourrions pas l'aider dans cette production ſublime ? Qui ſait ſi le reſpect & l'admiration du genre humain pour ces hommes rares qui paroiſſent quelquefois, ne pourroient pas développer les germes de la grandeur dans certaines ames où l'ingratitude les glace, où le découragement les étouffe ? La gloire, dit un Ecrivain célebre, eſt la derniere paſſion du Sage. Honorons les grands Hommes, & les grands Hommes naîtront en foule.

Il en eſt un que nous avons admiré long-temps, qui devenu notre Concitoyen par choix, a été notre vengeur & notre appui. A ces mots nous nous rappellons l'idée de MAURICE COMTE DE SAXE. Déja l'admiration & la reconnoiſſance de concert, lui ont élevé un monument. Le marbre amolli & vivifié par une main ſavante, nous a repréſenté les traits de ce grand Homme, avec les attributs de la gloire. A peine ce chef-d'œuvre de l'Art a-t-il été découvert aux yeux des Françcois.

çois, qu'on les a vus accourir à flots tumultueux. Le Magiſtrat & le Guerrier, la Cour & le peuple, tous ont contemplé dans ce marbre l'image du bienfaiteur de la Patrie: A ce ſpectacle leur cœur s'eſt ému d'un attendriſſement involontaire : ils ont admiré ſa vie & pleuré ſa mort.

Un Corps auguſte de Citoyens qui joignent les vertus aux lumieres, & la Philoſophie des Platons à l'éloquence des Démoſthenes, veut élever à ce Héros une autre eſpece de monument plus durable que le marbre & que l'airain. Une foule d'Orateurs paroît aujourd'hui dans cette reſpectable Aſſemblée, & diſpute le glorieux avantage d'avoir le mieux célébré un grand Homme. Et moi je viens auſſi prononcer d'une voix foible quelques mots aux pieds de ſa ſtatue. Si je n'ai pas la gloire de l'emporter ſur mes rivaux, du moins j'aurai celle d'avoir rempli les devoirs ſacrés de la reconnoiſſance : & ſi je ne réuſſis point comme Orateur, je m'applaudirai comme Citoyen, d'avoir honnoré, autant qu'il étoit en moi, le Défenſeur de mon Pays.

Laiſſons aux flatteurs & aux eſclaves le ſoin de louer les hommes ſur la diſtinction d'une illuſtre naiſſance. Pour nous, toutes nos paroles doivent être peſées dans la balance de la vérité : & l'on doit trop de refpect aux cendres d'un homme tel que MAURICE, pour les outrager par de faux éloges. Ne flattons point celui qui n'a jamais flatté. Le feul mérite qui ait manqué à MAURICE, eft celui de percer la foule pour s'élever : car je ne puis diffimuler qu'il étoit né du fang des Rois (a) Mais comme une haute naiffance eft auffi un pefant fardeau, parce que la grandeur des Ancêtres impofe la néceffité d'être grand, il eut le mérite de foutenir par fes vertus ce poids immenfe de gloire.

Le plus fage des Philofophes, Socrate crut avoir un génie qui veilloit auprés de lui. Ne pourroit-on pas dire que tous les grands Hommes en ont un qui les guide dans la route que leur a tracé la nature, qui tourne de ce côté toutes leurs fenfations, toutes leurs idées, tous leurs mouvemens, qui nourrit, échauffe, fait germer leurs talens, qui les entraîne, qui les fubjugue, qui prend fur eux un afcendant invincible, qui eft en un mot l'ame de leur ame ? C'eft ce qu'on put reconnoître dans MAURICE. Dés le berceau cette ame fiere & intrépide fembla s'élancer

vers

---

(a) Le Comte dè Saxe naquit le 19. Octobre 1696., de Frederic-Augufte II., Electeur de Saxe, Roi de Pologne, & de la Comteffe de Konifmark, Suédoife, auffi célebre par efprit que par fa beauté.

vers les combats.  A peine fa main put-elle foutenir le poids d'une épée, qu'il renonça à tout autre amufement qu'à l'exercice des armes.  Il dédaigna d'abaiffer la hauteur de fon ame à l'étude de ces fciences plus curieufes qu'utiles , dont la connoiffance ingrate & frivole occupe l'oifiveté de l'enfance : & femblable à ces anciens Romains, il parut d'abord méprifer tous les  Arts, excepté le grand Art de vaincre.

La nature qui l'avoit deftiné à être un de ces Hommes qui étonnent le monde, pour le diftinguer en tout, lui avoit donné une force de corps  telle que les fiecles héroïques l'admiroient dans  leurs Hercules & leurs Thefées ; avantages  malheureufement trop rare parmi nous, foit que l'efpece humaine altérée dans fa fource, ait dégénéré d'âge en âge; foit que notre luxe, nos mœurs corrompues, nos alimens empoifonnés nous énervent & nous amolliffent; foit que cet affoibliffement ait pour principe la négligence & l'oubli des exercices du corps, qui étoient fi fort en honneur parmi les anciens; foit que cet effet pernicieux réfulte de l'affemblage & du concours de toutes ces caufes.

Avec cette ame généreufe & ce corps robufte , MAURICE ne tarda point à jetter les fondemens de fa réputation. Dès l'âge de douze ans il signala sa valeur naissante. L'Europe dans une guerre sanglante, opiniâtre & compliquée, disputoit alors à la France les dépouilles de la Maison d'Autriche, & la gloire de donner un Maître à l'Espagne. Eugene & Marlborough, fiers de l'honneur d'abaisser un Roi qui avoit été la terreur de l'Europe, tantôt unis, tantôt séparés, souvent vainqueurs, toujours redoutables, secondoient par la force de leur génie la jalousie des Nations, prenoient des Villes, gagnoient des Batailles, arrachoient de tous côtés les barrieres de la France, & donnoient à leur parti la même supériorité que les Condés & les Turennes avoient autrefois donnée à Louis.

Ce fut sous ces deux Hommes célebres que MAURICE fit le noble apprentissage de la guerre (*a*) O révolution! ô ressorts secrets & cachés des Empires! Ainsi les deux ennemis les plus redoutables de la France donnerent les premieres leçons de la victoire à celui qui devoit un jour en être l'appui. Et les mains qui ébranloient le Trône de Louis XIV, guiderent les premieres au combat le Héros qui

____

(*a*) En 1708. étoit en Flandre dans l'Armée des Alliés, commandée par le Prince Eugene & par Marlborough. il fut témoin de la prise de Lille en 1709. Il se distingua au siége de Tournay, ou il pensa périr deux fois. Il se signala au siége de Mons. Il se trouva à la bataille de Malplaquet, & ce jeune enfant dit le soir qu'il étoit content de sa journée.

devoit

devoit affermir un jour le Trône de Louis XV. François, que ce fameux Curchill vainquit à la journée de Malplaquet, du moins en cédant à votre deftinée, vos grands cœurs euffent été confolés de leur disgrace, fi vous aviez fu que dans cette armée de vos ennemis, fur ce même champ de bataille combattoit un jeune Héros qui devoit un jour vous venger, & effacer la honte de votre défaite par une victoire célebre dans tous les fiecles. *

Le fentiment intérieur des forces de fon ame, fembloit apprendre à MAURICE que les grands Hommes feuls étoient capables de le former. Peut-être ce reffort de la nature qui fait graviter les aftres les uns vers les autres, agit-il auffi fur les grandes ames, & fait qu'el les s'attirent mutuellement dans leur fphere.

Le Réformateur de fon Empire, le Créateur de fa Nation, le Législateur du Nord, Pierre le Grand, rempliffoit alors l'Europe & l'Afie du bruit de fon nom. Inftruit par fes défaites dans l'Art de vaincre, la profondeur & l'application de fon génie l'avoient mis en état de donner des leçons à fes vainqueurs. MAURICE attiré par la réputation de cet homme rare, vole au fiége de Riga † pour admi-

A 5

rer

---

* Bataille de Fontenoy.          † En 1710.

rer & pour apprendre à imiter le diſciple & le vainqueur de Charles XII.

Formé par tant de grands exemples, bien-tôt il eſt en état de combattre lui-même les Héros. Le Monarque de la Suede, célebre par ſes victoires, & plus encore par la ſingu-larité de ſes vertus, bravant les dangers com-me les plaiſirs, prodigue de ſon ſang comme de ſes tréſors, fier d'avoir conquis & donné des Etats, égal dans la proſpérité, inflexible dans le malheur, toujours magnanime & au-deſſus de ſa fortune, vaincu & maître d'un Royaume épuiſé, mais redoutable encore à quatre Rois puiſſans, Charles XII. dont le nom ſeul valoit une armée, étoit ſorti de ſa re-traite de Bender; & tout le Nord allarmé ſe réuniſſoit pour accabler ce lion à demi terraſ-ſé, avant qu'il eût pu reprendre ſes forces, MAURICE brigue avec empreſſement l'hon neur de l'aller combattre, (c) Déja il ſe ſent digne

d'un

______________________________________________

(c) Stralſund, la plus forte place de la Poméranie étoit affiegée par les Rois de Pologne, de Danemarck & de Pruſſe, & défendue par Charles XII. Le jeune Comte obtint la per-miſſion de ſervir à ce ſiége parmi les Troupes Saxonnes. Il y montra la plus grande intrépidité. Le déſir de voir & de connoître Charles XII., le faiſoit s'expoſer dans les en-droits les plus périlleux, parce qu'il penſoit que ce de-voit être là le poſte du Roi de Suede. En effet il le vit & l'admira. Il conſerva ce ſentiment pendant toute ſa vie.

C'éd'un si grand ennemi. On eût dit que son ame à l'approche de Charles XII. eût reçu un nouveau dégré d'activité. L'image de ce Héros, le souvenir de ses trophées, la vive impreffion de sa gloire pourfuivoit par-tout le génie de MAURICE, le reveilloit dans le repos, l'animoit dans les combats, le foutenoit dans les fatigues, le guidoit au milieu des dangers. C'étoit à une ame telle que la fienne à connoître & à admirer Charles XII. Il ne peut le voir que fur la brêche ou dans un champ de battaille; c'eft là qu'il le cherche des yeux; l'ardeur de la mêlée lui apprend où il doit le trouver: il y vole; il l'approche, s'arrête & l'admire. Il ne vit point autour de lui la pompe & la majefté du Trône; mais il y vit la valeur; l'intrépidité, la grandeur d'ame, des Etats conquis & neuf années de victoires. Ce grand fpectacle infpira au jeune MAURICE pour le Héros Suédois une vénération profonde qui le fuivit jufque dans le tombeau.

Paffionné pour la gloire, avide de s'inftruire, par-tout où il peut vaincre, c'eft là fa Patrie. Il devient encore une fois le difciple
d'Eu-

---

C'étoit la feconde fois qu'il combattoit à Stralfund. En 1711. il avoit fuivi devant cette place le Roi fon Pere, il avoit paffé la riviere à la nage, à la vue des ennemis, & le piftolet à la main.

d'Eugene. Ce grand Homme affermiſſoit les barrieres de l'Empire contre ce Peuple obſcur dans ſa ſource, mais redoutable dans ſes progrés, ennemi des Chrétiens, par Religion comme par Politique ; qui ſorti des marais de la Scytie, a inondé l'Aſie & l'Afrique, ſubjugué la Grece, fait trembler l'Italie & l'Allemagne, mis le ſiége devant la Capitale de l'Autriche, & dont les débordemens peut-être auroient des longtemps englouti l'Europe, ſi la diſcipline & l'Art de la Guerre ne devoient avoir néceſſairement l'avantage ſur la férocité courageuſe. MAURICE étudia contre ces nouveaux ennemis l'Art de prendre les Villes, & de gagner les batailles. ( *d* )

Il eſt des Guerriers qui ne ſont que braves, qui ne ſavent qu'affronter la mort, auſſi incapables de commander aux autres qu'à eux-mêmes, ſemblables à ces animaux belliqueux, fiers & intrépides au milieu des combats, mais qui ont beſoin d'être conduits, & dont l'ardeur doit être ſans ceſſe retenue ou guidée par le frein. Comme MAURICE ſentoit en lui-même cette ſuperiorité qui donne le

droit

---

(*d*) En 1717. il ſe rendit en Hongrie, ou l'Empereur avoit contre les Turcs une Armée de 150000. hommes ſous les ordres du Prince *Eugene*. Il ſe trouva au ſiége de Belgrade & à une bataille ſanglante que le Prince *Eugene* gagna ſur les Turcs.

droit de commander aux hommes, dans le temps qu'il combattoit en soldat, il observoit en Philosophe. Un champ de bataille étoit pour lui une école, où parmi le feu, le carnage, le bruit des armes, le tumulte des combattans, tandis que la foule des Guerriers ne pensoit qu'à donner ou à éviter la mort, son ame tranquille embrassant tous les grands objets qui étoient sous ses yeux, étudioit l'Art de faire mouvoir tous ces vastes corps, d'établir un concert & une harmonie de mouvement entre cent mille bras, de combiner tous les ressorts qui doivent concourir ensemble, de calculer l'activité des forces & le temps de l'exécution, d'ôter à la fortune son ascendant & de l'enchaîner par la prudence, de s'emparer des postes & de les défendre, de profiter de son terrein & d'ôter à l'ennemi l'avantage du sien, de ne se laisser ni étonner par le danger, ni enivrer par le succés, de voir en même temps & le mal & le remede, de savoir avancer, reculer, changer son plan, prendre son parti sur un coup d'œil, de saisir avec tranquillité ces instans rapides qui décident des victoires, de mettre à profit toutes les fautes & de n'en faire soi même aucunes, ou ce qui est plus grand, de les réparer, d'en imposer à l'ennemi jusque dans sa retraite, & ce qui est le comble de l'Art,

de

de tirer tout l'avantage qu'on peut tirer de sa victoire, ou de rendre inutile celle de son ennemi. Telles étoient les leçons sublimes qu'Eugene donnoit à MAURICE. L'un méritoit la gloire de les donner, l'autre celle de les recevoir ; & ces deux Hommes étoient également dignes l'un de l'autre.

Bientôt une Paix profonde succéda aux troubles de la Guerre. ( *e* ) Alors d'un bout de l'Europe à l'autre les Nations furent tranquilles, & les calamités du genre humain dans ce beau climat toujours désolé, furent au moins suspendues pour quelque temps. MAURICE qui ne pouvoit exercer sa valeur dans les combats, ne perdit point de vûe ce grand Art pour lequel la nature l'avoit formé. Il savoit qu'outre la discipline des camps, & cette Ecole guerriere où l'on apprend à combattre & à vaincre par sa propre expérience, il est une autre maniere de s'instruire dans le silence de la retraite, par l'étude & par les réflexions. En effet depuis la révolution qu'a produite en Europe l'invention

de

---

(e) Le Traité d'Utrecht avoit terminé la guerre pour la succession d'Espagne, & calmé les orages du Midi. La omrt de Charles XII. avoit pacifié le Nord, & les victoires du Prince Eugene, en abbattant les forces de l'Empire Ottoman, procurerent à l'Allemagne la paix de Passarovitz.

de la Poudre, & fur-tout depuis que la Philo-
fophie née pour confoler les hommes, & pour
les rendre heureux, a été forcée de leur prê-
ter fes lumieres pour leur apprendre à fe dé-
truire, l'Art de la Guerre forme une fcience
auffi vafte que compliquée, compofée de l'affemblage d'un grand nombre de fciences réu-
nies & enchaînées l'une à l'autre, qui fe prê-
tent un appui mutuel, & dont on ne peut
détacher un feul anneau fans que la chaîne
foit interrompue.

MAURICE jetta fes regards fur tous les Peuples de l'Europe, pour en trouver un qui fût
digne de l'inftruire; & fon choix fe fixa fur
la France. Cet afcendant de réputation & de
gloire que Louis XIV., Colbert & les Arts lui
avoient donné, & que dix années d'orages &
de malheurs n'avoient pu lui faire perdre,
fe confervoit encore fous la Régence d'un
Prince qui cultivoit, honoroit, jugeoit tous
les Arts, favoit connoître les hommes, & à
qui il n'a manqué dans fes grandes vûes, que
de favoir s'arrêter avant le point où commen-
ce l'excés.

La réputation de MAURICE l'avoit devan-
cé à la Cour de Verfailles. Le génie de Philippe
connut bientôt qu'il la méritoit, & qu'il la
furpafferoit un jour. MAURICE fut donc at-
taché

taché à la France par un grade ( *f* ) qui excita la jaloufie des Courtifans : mais ils ne voyoient en lui qu'un jeune Etranger, ami des plaifirs, & le grand Homme leur échappoit. Philippe jugea MAURICE en Homme d'Etat : & MAURICE juftifia Philippe.

Dès-lors il fe confacra tout entier à l'étude de ces Sciences férieufes & profondes qui font devenues les compagnes & les miniftres de la guerre. L'Art d'Euclide lui apprit à connoître les propriétes générales de l'étendue figurée, à calculer les rapports de fes différentes parties, & lui donna cet efprit de combinaifon qui eft le fondement de tous les Arts où l'imagination ne domine pas, auffi néceffaire au Général qu'à l'Aftronome, & qui a formê Turenne & Vauban, comme Archimede & Neuton. L'Art du Génie le ramenant de ce monde intellectuel dans le monde Phyfique, lui apprit à faire ufage de ces notions àbftraites, en les appliquant aux

For-

---

(*f*) Ce fut en 1720. qu'il fit fon premier voyage à Paris. Il avoit eû de tout temps beaucoup d'inclination pour les François. Ce goût fembla naître en lui avec le goût de la guerre. La Langue Françoife fut même la feule Langue étrangere qu' il voulut apprendre dans fon enfance. Le Duc d'Orleans lui fit un accueil très-flatteur, & pour le fixer en France, lui fit expédier un brevet de Maréchal de Camp. Il eft daté du 7. Août 1720.

Fortifications, à l'attaque & à la défense des
Places : & pour la gloire de MAURICE, il suf-
fit de dire qu'il eut des vûes qui avoient é-
chappé à Vauban & à * Cohorn. L'Art qui
enseigne les propriétés du mouvement, qui
mesure les temps & les espaces, qui calcule
les vîtesses, qui fixe les loix de la pesanteur,
qui commande aux Elémens dont il assujettit
les forces, exerça aussi ce génie ardent & (g)
facile.   A ces études il joignit celle de l'Histoire.   Guidé dans ce labyrinthe immense
par l'exacte connoissance des lieux, il observoit, étudioit & jugeoit les grands Hommes.
Laissant les dates aux compilateurs, & les
détails qui ne font que curieux, aux esprits
oisifs & frivoles, à travers l'étendue immen-

B

se

---

* Cohorn est le Vauban des Hollandois,

(g) Le Comte de Saxe fixé à Paris en 1722. , employa tout
le tems que dura la paix, à étudier les Mathématiques, le Génie, les Fortifications & les Méchaniques, Il avoit un talent
naturel & décidé pour toutes ces Sciences abstraites.  Avant
d'appliquer ces connoissances à la guerre, il les consacra à
servir sa nouvelle Patrie par un de ces ouvrages dont le projet seul fait honneur à un Citoyen, & dont la gloire doit être
indépendante du succès, puis-qu'ils ont pour but l'utilité publique. C'étoit une machine qu'il inventa pour faire remon-
ter les bateaux de Rouen à Paris, sans le secours des chevaux.
Il fut obligé d'abbandonner cette entreprise aprés y avoir dé-
pensé des sommes immenses  Il contribua beaucoup à la per-
fection d'une autre machine qui fer à Paris , & par le moyen
de laquelle on remonte les bateaux depuis le Pont-Royal
jusque dans le bassin.

fe des fiecles & des lieux, il ramaffoit de toute part les traits de lumiere qui pouvoient l'éclairer, & s'inftruifoit par les grands exemples comme par les fautes des Hommes célebres. Ses propres réfléxions contribuerent encore à le former, & il joignit fes lumieres à celles de tous les fiecles. Malheur à qui n'a jamais penfé par lui-même ! Quelque talent qu'il ait reçu de la nature, il ne fera jamais au premier rang des Hommes. MAURICE plein de cette hardieffe qu'infpire le génie, écartoit la barriere du préjugé pour reculer les limites de fon Art, aprés avoir trouvé le bien, cherchoit le mieux, parcouroit tous les poffibles, s'élançoit au-delà du cercle étroit des évenémens paffés, & fuppléant à la nature, créoit des combinaifons nouvelles, imaginoit des dangers pour trouver les reffources, étudioit fur-tout la fcience de fixer la valeur incertaine & variable du foldat, & de lui donner le plus grand degré d'activité poffible, fcience la plus profonde, la plus inconnue & la plus néceffaire.

Que ne puis-je élever ici ma voix, & la faire entendre à tous ceux qui fe confacrent à la défenfe de la Patrie, à vous furtout qui appellés par votre rang aux premiers honneurs de la guerre, confumez pendant la paix des jours inutiles dans le néant de l'indolence, ou dans les fatigues de la volupté ! Guerriers, vous por-

portez un nom illuftre, vous étes braves, la nature vous donna des talens, peut-être même du génie ; mais ces qualités ne fuffifent point encore. Imitez MAURICE dans fes études : ce n'eft qu'à ce prix que vous pouvez prétendre à l'égaler dans fes travaux. (*b*)

B 2       Tan-

---

(*b*) On fe croit obligé d'avertir que dans tout ce détail, on parle moins en Orateur, qu'en Hiftorien. Les Eloges des grands Hommes ne doivent être fondés que fur les faits. Le Comte de Saxe fit l'étude la plus profonde de la Guerre. Le délaffement de tant de travaux étoit un amufement guerrier. L'Art d'exercer les Troupes, cet Art qui en augmentant la foupleffe du Soldat, fait que l'ordre fe joint à la rapidité des évolutions, & que les bataillons paroiffent de vaftes machines qui n'ont qu'un même reffort & un même mouvement ; cet Art qui a fi fouvent décidé de la perte ou du gain des batailles, avoit prefqu'au fortir de l'enfance, fixé l'attention du Comte de Saxe. Dés l'âge de 16. ans, il avoit inventé un nouvel exercice & l'avoit fait exécuter en Saxe avec le plus grand fuccés. En 1722., ayant obtenu un Régiment en France, tous les jours il prenoit plaifir à le former & à l'exercer lui-même felon fa nouvelle méthode ; & ce fut peut-être fon exemple qui réveilla l'attention du Gouvernement fur cette partie de la Guerre, trop négligée jufqu'alors parmi nous, & perfectionnée en Pruffe par 50. ans d'application & de foins. Le Chevalier Follard qui a paffé fa vie à étudier la Guerre, & à en donner des leçons, eftimoit beaucoup la nouvelle Tractique inventée par le Comte de Saxe. Voici comment il s'exprime lui-même dans fes Commentaires fur Polybe, tom. 3. liv. 2. ch. 14. § 4. Aprés avoir parlé de l'utilité de plufieurs exercices, il ajoute : *Ce que je vient de dire eft excellent ; mais il faut encore exercer les Troupes à tirer felon la nouvelle méthode que le Comte de Saxe a introduite dans fon Régiment: méthode dont je fait grand cas, ainfi que de fon inven*

*teur*

Tandis que la France formoit ce Héros, elle fut menacée de le perdre. ( i ) Cette

Ré-

---

*texr, qui eſt un dês beaux génies pour la guerre que j'aie con-*
*nu. L'on verra à la premiere Guerre que je ne me trompe*
*point dans ce que je penſe.* Je remarquerai ici à la gloire du Chevalier Follard, que c'etoit en 1728. qu'il portoit ce jugement ſur le Comte de Saxe.

( i ) La Curlande, ancien Duché qui avoit autrefois appartenu à l'Ordre Teutonique, formoit un Etat Souverain, mais indépendant. Elle avoit ſubi le ſort des petits Etats qui ſont environnés de Nations puiſſantes. N'ayant point aſſez de forces pour être oppreſſeurs, ils employent la politique pour n'être point opprimés, & ſe donnent un Protecteur pour n'avoir point de Maître. La Curlande étoit donc ſous la protection de la Pologne. Cette République avoit formé le projet d'éteindre la ſouveraineté de ce Duché, & de le réunir à ſes Etats à la mort de Ferdinand, Prince qui avoit l'eſprit auſſi foible que le corps. Les Curlandois allarmés & jaloux d'être libres réſolurent de faire échouer le projet de la Pologne, en réglant la ſucceſſion éventuelle de Ferdinand. Il leur falloit un Prince dont la réputation juſtifiât leur choix, qui eût aſſez de fermeté pour oſer les ſoutenir, & aſſez de génie pour les défendre. Ils jetterent les yeux ſur le Comte de Saxe déja trés-fameux dans le Nord. Il fut légitimement élu Duc Souverain de Curlande le 5. Juillet 1726. Auſſitôt il ſe forma contre lui un violent orage en Pologne. D'un autre côté la Ruſſie, qui etoit trop puiſſante pour ne point avoir auſſi quelques droits à réclamer ſur la Curlande, fut indignée que ce Peuple oſàt ſe croire libre, & n'eût point été à Petersbourg ſe proſterner aux pieds du Trône pour y demander un Maître. La Czarine vouloit faire tomber ce Duché ſur la tête de Menzicoff, cet heureux avanturier qui de garçon patiſſier, devenu Général & Prince, avoit encore l'ambition d'être Souverain. Ce rival du Comte de Saxe, pour ſe délivrer d'un concurrent

ſi

République du Nord, compofée d'un Roi
dépendant, d'une Nobleffe guerriere & d'un
B 3 Peu-

---

fi redoutable, réfolut de le faire enlever. Il envoya à
Mittaw 800. Ruffes qui inveftirent le Palais du Comte &
l'y affiégerent. Le Comte qui n'avoit que 60. hommes s'y
défendit avec le plus grand courage. Le fiege fut levé &
les Ruffes obligés de fe retirer. Cependant en Pologne
on s'affemble : on cabale, on tient des dietes, on porte des
décrets. Le Comte de Saxe eft fommé de comparoître &
de rapporter le Diplôme de fon élection. Il n'obéit point
& fa tête eft mife à prix. Il amaffe de l'argent, leve des
Troupes, parle à fes Peuples en Souverain, & s'apprête
à les défendre en Hèros. Il fait plufieurs voyages à Dref-
de, à Leipfik. Il ne craint ni la Ruffie, ni la Pologne, ni
les affaffins mercénaires que la profcription armoit contre
lui. Il envoye des Miniftres à Vienne, à Berlin, à Lon-
dres, pour folliciter des fecours. Il fe retire avec fes Troupes dans l'Ifle d'Ufmaiz, & ordonne à tous fes Partifans
dé l'y venir joindre. Les Ruffes forment le projet de le forcer dans cette retraite. Le Comte de Saxe n'avoit que 300
hommes, & fes retranchemens n'étoient point achevés.
Le Général Ruffe qui avoit 4000 hommes, voulut joindre
la perfidie à la force, & le furprendre dans une entrevue.
Le Comte fut inftruit de ce Complot, le fit rougir de fa
lâcheté, & rompit la conférence. Cependant comme il n'
avoit point affez de forces, il fut obligé d'abandonner cette
Isle. Pendant ce temps-là, des Còmmiffaires de la Polo-
ne étoient arrivés dans la Capitale de la Curlande, où ces
Protecteurs orgueilleux agiffoient en maîtres, faifoient ju-
ger les amis du Comte de Saxe, caffoient fon election, &
régloient d'un ton defpotique la forme de gouvernement d'
un peuple libre. Le Comte de Saxe trop foible pour défendre contre la Ruffie & la Pologne fes droits & fes Sujets opprimés, fit des proteftations, unique reffource dans le
malheur, & attendit une circonftance favorable. Elle fe
préfenta en 1736. Le Duc Ferdinand mourut cette année-là.
Le Duché fembloit appartenir de droit au Comte de Saxe.
Mais l'impératrice de Ruffie eut le crédit de faire élire le
Com-

Peuple efclave , & ce vafte Empire qui d'un côté touche à la Pologne, & de l'autre aux frontieres de la Chine, fe difputoient le droit de protéger, c'eft-à-dire d'affervir la Curlande. Cet Etat foible , mais libre, qui avoit befoin d'un grand Homme pour conferver fon indépendance, élut MAURICE pour Souverain. A peine cet honneur dangereux fut-il remis entre fes mains, qu'il eut à foutenir les efforts de ces deux Peuples rivaux d'intérêt, mais fes communs ennemis. On le vit braver en même temps & les décrets orgueilleux de la Pologne, & les armes de la Ruffie, négocier tour-à-tour & combattre, demêler les pieges que lui tendoit la perfidie. & foutenir un fiege dans fon Palais. S'il fut obligé de céder enfin aux deux Puiffances les plus

re-

---

Comte Biron, qui étoit alors auprés d'elle dans la plus haute faveur & la force l'emporta encore fur la juftice. La Czarine mourut en 1740. , & fa mort entraîna la chute de fon favori. Il fut arrêté. Son crime étoit d'être étranger & trop puiffant. Jugé & condamné, il fut tranfporté dans les deferts de la Sibérie où on lui permit de vivre. Cet événement ranima les efpérances du Comte de Saxe ; mais elles furent encore trompées. Le nouveau choix de la Curlande déterminé par l'influence des Etats les plus puiffans. tomba fur le Prince Louis de Brunsvik. Une nouvelle proteftation du Comte de Saxe annonça à l'Europe la juftice & l'inutilité de fes prètentions ; & il fut réduit à groffir la foule des Princes, que les paffions des hommes ont dépouillés de leurs droits légitimes.

redoutables du Nord, du moins il ne manqua point à sa fortune, & fit voir à ses Peuples qu'il étoit digne d'être leur Souverain. Cette disgrace, si c'en est une que d'être déchargé du fardeau de gouverner les hommes, l'attacha de plus en plus à la France.

Ce fut dans ces circonstances (*k*) qu'il rédigea par écrit ses Observations sur l'Art Militaire, Ouvrage digne de César ou de Condé, écrit de ce style mâle & rapide, qui caracterisé un Guerrier, plein de vûes profondes & de nouveautés hardies, où il juge la coutume avant de l'adopter, laisse les usages pour examiner les principes, ose créer des regles où il n'y en a point eu jusqu'alors, donne des préceptes pour le Général comme pour le Soldat, s'éleve jusqu'au sublime de l'Art & descend dans les détails, partie la plus pénible pour le Génie, parce qu'il est obligé de ralentir sa marche rapide qui tend au grand dès le premier essor.

Le fruit de tant de travaux & de réflexions devoit enfin paroître. La mort du Roi de

B 4

Po-

(*k*) Il composa en 1722. l'ouvrage qui porte pour titre *Mes Reveries*. Une anecdote singuliere & qu'on aura peine à croire, c'est qu'il étoit malade & avoit la fievre lorsqu'il le fit. L'ouvrage fut composé en treize nuits. Il le retoucha & y fit des augmentations aprés la paix de 1736.

Pologne troubla une Paix de vingt ans; &
l'ambition de lui succéder arma deux Concur-
rens, entre lesquels les Nations se partage-
rent. Ainsi le droit d'élire ses Rois, le plus
beau privilege des Peuples, & qui conserve
seul aujourd'hui une foible image de la liberté primitive des hommes, est devenu pour
le genre humain une source féconde de di-
visions & de malheurs. Auguste avoit pour
lui la protection de l'Empereur & les armes
de la Russie, Stanislas les armes de LOUIS.
MAURICE apprit alors à l'Europe qu'il avoit
choisi la France pour sa Patrie. On le vit
sacrifier les intérets du sang & le nom de frere à son attachement pour LOUIS, & préfe-
rer la gloire de servir sous les François, à
celle de commander les Troupes belliqueuses
de la Saxe. (1)

Déja les parties les plus importantes & les
plus difficiles de l'Art de la Guerre lui sont
confiées. Barwik le charge de passer le Rhin;
& l'habileté avec laquelle il conduit ce projet, justifie le choix qu'on a fait de lui. Que
n'ai-

---

(1) L'Electeur de Saxe au commencement de cette guerre offrit au Comte son frere le Commandement général de
toutes ses Troupes. Celui-ci aima mieux servir en France
en qualité de Maréchal de Camp, & se rendit sur le Rhin à l'
Armée de M. de Barwick.

n'ai-je la plume de cet Homme éloquent *
qui s'est élevé au-dessus de lui même en célé-
brant Turenne, ou de cet Orateur ** plus sublime encore, dont le génie s'est trouvé de ni-
veau avec l'ame du grand Condé ! Je trace-
rois le tableau de ce que MAURICE a fait de
grand dans les champs de l'Allemagne. Vous
le verriez cherchant les dangers avec le même empressement que les autres cherchent
les plaisirs, ( *m* )montant la tranchée, livrant
des assauts, enlevant des convois, forçant
des retranchemens, décidant par sa valeur du
gain des batailles, donnant l'ordre en Général & l'exemple en soldat, toujours actif,
toujours infatigable, adoré des troupes, re-

B 5

dou-

---

* Fléchier.      ** Boussuet.

(*m*) Le 23. Octobre 1733., aprés le passage du Rhin, il
monte à la tranchée au Fort de Kehl, & a un Capitaine tué
à côté de lui. En 1734. au commencement de la Campagne, à la tête de deux cents Dragons, il se rend maître d'un
convoi gardé par 1200. hommes. Le 27. Avril il se trouve
à deux assauts qui se livrent le même jour à la Ville de Trar-
bak dans le Palatinat. Au second assaut il voit sept Grenadiers tomber autour de lui. A Etlinghen, à la tête d'un dé-
tachement de Grenadiers, il pénetre dans les lignes des
ennemis, en fait un grand carnage, & décide la victoire.
Au siege de Philisbourg, fameux par sa difficulté & par la
mort du Maréchal de Berwik, il est chargé d'un très-grand
nombre d'attaques, qu'il exécute avec autant de succés que
d'intrépidité. Ce fut immédiatement aprés ce siege qu'il
fut nommé Lieutenant-Général. L'acte par lequel le Roi
lui donne cette dignité, est du premier Août 1734.

douté des ennemis, refpecté des Généraux, eftimé lui feul plus que des bataillons entiers. *

C'eft par ces emplois qu'il parvint au grade de Lieutenant-Général. Il ne le dut point à ces manœuvres fourdes, à ces intrigues obfcures qui aviliffent les honneurs, & peut-être celui qui les obtient. Il laiffa ces moyens honteux à ceux qui joignent la baffeffe à l'orgueil. Tandis que d'indignes rivaux formoient des complots contre lui, il traçoit des plans de campagne : il ne fit fa cour que fur les champs de bataille : fes Partifans furent les foldats qu'il commandoit, les ennemis qu'il avoit vaincus ; la Gloire fut fa protectrice.

Il ne lui manquoit que de trouver un rival digne de lui. La fortune lui en oppofe un. C'eft Eugene. (*n*) Déja il menace de paffer le Rhin, de porter la défolation dans la France. O Prince qui étois né pour être l'amour

&

---

* Le Maréchal de Berwick fur le point d'attaquer les ennemis à Etlinghen, voit arriver le Comte de Saxe dans fon camp. Comte, lui dit-il auffi-tôt, j'allois faire venir trois millehommes ; mais vous me valez feul ce renfort.

(*n*) En 1733. le Prince Eugene qui commandoit l'Armée Impériale, avoit formé le projet de paffer le Rhin à Manhein, & de pénétrer dans le Pays Meffin. Le Maréchal de Coigny détacha le Comte de Saxe pour arrêter les Imperiaux. Le Comte choifit un pofte fi avantageux, que le Prince Eugene, quoique très-fupérieur en forces, n'ofa jamais hafarder ce paffage.

& le vengeur d'un pays dont tu as été la terreur, nous ne redoutons plus ton fatal génie ! Villars nous a appris à Denain que tu pouvois être vaincu, & toi-même tu as pris soin de nous former un Héros capable de te combattre. En effet MAURICE suppléant au petit nombre des troupes par l'art de se poster, sut en imposer à ce redoutable ennemi, garder le passage du Rhin, & couvrir nos frontieres. Eugene reconnut & admira son disciple, il s'avoua vaincu dans son Art : & le Successeur de LOUIS XIV. connut alors qu'il avoit aussi son Turenne.

Les victoires de la France & la modération de deux Rois, procurerent bientôt à l'Europe cette Paix où (o) l'on vit un Souverain légitimement élu, sacrifier ses droits au repos des Nations. Ne croyons pas que MAURICE s'endormit alors au sein de la Gloire, & s'imagina ne pouvoir plus rien ajouter à ses lumieres. C'est le vice de la médiocrité ; elle regarde le cercle étroit qui borne sa vûe, comme la mesure de toute l'étendue possible.

Le

---

(o) Par la Paix de 1736. Stanislas Leczinski, Beau-Pere de Louis XV., élu deux fois Roi de Pologne, l'une en 1704. l'autre en 1733. renonça à ce Royaume, en gardant le titre de Roi. Le Duché de Lorraine & de Bar lui fut donné en dédommagement ; & François Duc de Lorraine, gendre de l'Empereur, eut en échange le grand Duché de Toscane.

Le génie découvre encore des espaces immenses, où l'esprit des hommes vulgaires croit
que tout finit. Celui qui avoit donné en Allemagne de si belles leçons sur l'Art Militaire, en prend lui-même de tous les Ecrivains
(*p*) célebres qui ont approfondi cet Art.
Ainsi l'Orateur de Rome, aprés avoir éton-
né de son éloquence la capitale du Monde,
alla encore chercher des Maîtres dans les E-
coles de l'Asie.

La

---

(*p*) Le Comte de Saxe avoit connu en 1731. le Chevalier
Follard, & c'étoit lié avec lui. Cet Officierr passionné dés
son enfance pour l'art de la guerre, avoit passé sa vie à
combattre & à méditer. C'étoit un Guerrier plein de vûes,
qui joignoit la méthode à la hardiesse des idées. C'est aux
maîtres de l'art à décider s'il eut raison de vouloir appliquer à tous les lieux & à toutes les circonstances son systême
de la Colonne, & de rapporter tout à cet objet. Il a laissé
dans un commentaire sur Polybe le vaste dépôt de ses connoissances & de ses reflexions. Ces deux hommes que le même goût, ou plutôt la même passion avoit unis, tenoient
tous les jours ensemble des conférences de deux ou trois heu-
res, où ils se communiquoient leurs idées sur les opérations
militaires. Ce fut dans le même temps que le Comte de Saxe
étudia tous les Auteurs anciens qui ont traité de la Guerre. Il
lut Polybé en entier. Il avoit un goût particulier pour un
Auteur peu connu, & qui cependant mérite de l'être. C'est
Onozander qui vivoit sous les Empereurs Romains. Il a fait
un ouvrage sur la maniere de conduire les Armées. Le Comte de Saxe l'avoit souvent à la main, & le portoit toujours
avec lui. Nous n'en avons jusqu'ici qu'une traduction en vi-
eux style. On nous en promet une nouvelle de M. le Baron
de Surlauben, Membre de l'Académie Royale des Inscrip-
toins, & Auteur de l'Histoire Militaire des Suisses.

La mort de Charles VI. ne tarda pas à re-
plonger l'Europe dans les diſſenſions dont elle commençoit à peine à ſortir. Telle eſt
l'influence des Rois ſur la deſtinée du Monde. Ils le gouvernent pendant leur vie, &
l'ébranlent encore aprés leur mort. Dans
l'eſpace de quarante ans la mort de trois Princes a excité trois guerres ſanglantes. La
Pruſſe, la Baviere & la Saxe diſputerent à la
Fille de Charles VI. l'héritage des vaſtes Etats
de ſon Pere. La France animée contre l'Autriche par cette ancienne rivalité que rien encore n'avoit pu éteindre, & que le préjugé
des Nations regardoit depuis deux cents ans
comme néceſſaire à la balance de l'Europe,
joignit ſes armes à celles de la Baviere. La
Bôheme devint le théatre de la guerre & des
exploitss de MAURICE.

Déja, malgré les rigueurs de la ſaiſon,
Prague eſt aſſiégée par l'Electeur, & la fortune de ce ſiege eſt confiée au Héros de la
Saxe. (*q*) Tout ſemble conſpirer contre le
ſuc-

_______________________________________

(*q*) Prague fnt aſſiégée à la fin de Novembre en 1741. L'E-
lecteur de Baviere, depuis Empereur ſous le nom de Charles
VII., confia au Comte de Saxe les opérations du ſiege. La
grandeur immenſe de cette Capitale, le grand nombre des
Troupes qui formoient la garniſon, le défaut de vivres
dans le camp, les rigueurs exceſſives de la ſaiſon, & plus
que

fuccés de l'entreprife. MAURICE voit les obftacles, & il eft le feul qui n'en eft pas ef-
frayé. Son génie lui répond de la fortune.
Il forme un projet dont la hardieffe étonne-
roit tout autre que lui. L'ennemi approche;
dans la même nuit la tranchée s'ouvre; la Ville eft prife; l'ennemi peut à peine le croire;
& la France applaudit à un fuccés quelle n'o-
foit efpérer. Cette conquéte eft bientôt fui-
vie d'une autre auffi importante, & peut-être
plus difficile. (r) Egra fuccombe. La con-

quê-

que tout cela, l'approche d'une Armée de 3000. hommes
qui voloit à fon fecours, & qui n'étoit plus qu'à cinq lieues,
tout cela faifoit craindre beaucoup pour le fuccés. Le Comte
de Saxe réfolut de prévenir l'arrivée des ennemis, & d'ém-
porter la Ville par efcalade. Il confia fon projet à un Officier
digne de le feconder; c'étoit M. de Chevert, alors Lieute-
nant-Colonel, aujourd'hui Lieutenant-Général. Le 15. Novembre la tranchée fut ouverte, & la même nuit Prague fut
emportée d'affaut.

(r) La conquête d'Egra étoit d'autant plus importante,
que les Ennemis y avoient tous leurs magafins. Cette Ville é-
toit fi forte, que le Prince Charles crut qu'il n'étoit pas néceffaire d'y jetter du fecours. Elle fut inveftie par le Comte
de Saxe le 2. Avril 1742. Une garnifon nombreufe, un Chef
habile, l'abondance de tout ce qui fait le nerf & le reffort de
cet Art ingénieux, & favant inventé par les Modernes pour
défendre les Places, ne purent empêcher qu'elle ne fût prife après quelques jours de tranchée ouverte. Cette conquête fit beaucoup de bruit dans l'Europe, & caufa la plus grande joie à l'Empereur Charles VII. qui écrivit de fa propre
main au Comte de Saxe pour l'en féliciter.

quête de la Bohême eſt aſſurée ; & la communication avec la Baviere, conſervée libre. Dès ce moment les Nations eurent les yeux fixés ſur MAURICE, & le regarderent comme un de ces Hommes néceſſaires au deſtin des Empires, faits pour ébranler ou pour ſoutenir les Etats.

Une révolution rapide changea bientôt la face des affaires de l'Allemagne, & la guérre fut reportée du fond de l'Autriche aux bords du Rhin. L'Alſace & la Lorraine ſont ſauvées une ſeconde fois par MAURICE. L'embraſement de la guerre s'étend & ſe communique. La haine de l'Angleterre & l'ambition intéreſſée de la Sardaigne ſecondent la politique de l'Autriche. La France voit ſans s'allarmer groſſir le nombre de ſes ennemis: elle a MAURICE pour défenſeur. Déja il a obtenu les deux récompenſes les plus flatteuſes de ſes grandes actions, la confiance de ſon Roi & le ſceptre des Guerriers. * Cet honneur accordé à MAURICE devoit être utile à la France. En effet ſi le droit de commander en Chef eſt un dépôt dangereux dans des mains foibles, on peut dire qu'il eſt auſſi néceſſaire que juſte dans un grand Homme. Pour qu'il puiſſe agir, il faut lui ôter toutes ſes

en-

---

* Il fut fait Maréchal de France le 26. Mai 1744.

entraves : & trop souvent l'on a vu le génie dépendant échouer dans ses projets, ou arrêté dans sa course par l'autorité timide ou peu éclairée.

La Nation & l'Europe se souviennent que LOUIS alla lui-même en Flandre se mettre à la tête de ses troupes qui combattoient pour sa querelle, & que MAURICE merita la gloire de servir la fortune de LOUIS. Tandis que l'un par ses conquêtes rapides faisoit reconnoître en Flandre l'arriere-petit-Fils de LOUIS XIV. *, l'autre par une inaction savante & mesurée contenoit l'ennemi au-de là de l'Escaut, couvroit le siege des Villes, & opposoit aux Alliés un rampart impénétrable.

Ces succés brillans sont troublés par des revers. Le Rhin n'est plus défendu par MAU-RICE, & les ennemis ont passé ce fleuve. LOUIS plus grand par son humanité que par ses conquêtes, vole en Alsace au secours de ses sujets. Un coup plus terrible menace l'Etat : LOUIS est prêt à expirer. Du Rhin aux deux Mers & des Alpes à l'Escaut, ce n'est que douleur, que gémissemens, que cris lugubres. Je crois voir une famille immense pleurer autour du lit funebre de son

pe-

---

* Prise d'Ipres, de Furnes & de Menin, par Louis XV.

pere , tandis que des ennemis ardens pro-
fitent de ce moment fatal pour venir arracher
les dépouilles de  ces enfans malheureux.
Les Alliés s'avancent en Flandre à la tête
d'une Armée formidable ; & nous n'avons
à leur oppofer que des  troupes affoiblies ,
découragées & inférieures en nombre  Le
defefpoir eft au-dedans ; la  crainte au-de-
hors.  O ma Patrie , quels dangers t'envi-
ronnent ! ô fortune de la France, fur qui
maintenant vas-tu t'appuyer ? MAURICE
te refte : c'eft lui qui fera ton foutien :
c'eft lui qui à la tête de quarante mille
hommes en arrête foixante & dix mille.

* Ménager les forces de l'Etat & foutenir fa réputation ; couvrir nos conquêtes
paffées & empêcher les ennemis d'en faire
aucunes ; fe tenir près d'eux pour éclairer
leur conduite, & fe placer dans des poftes
où ils ne peuvent le forcer à combattre ;
obferver tous leurs projets & leur dérober
les fiens ; pénétrer par les mouvemens qu'il
voit, ceux qui lui font cachés ; ne laiffer
jamais échapper ni un  moment favorable ,
ni un pofte avantageux ; joindre la har-

C

dieffe

---

* Fameufe Campagne de Courtrai.

dieſſe à la précaution ; agir tantôt par des réflexions profondes, & tantôt par ces illuminations ſoudaines qui ſont les élancemens du génie ; avoir de la vivacité ſans précipitation, & du ſang froid ſans lenteur ; enfin éviter les batailles qui décident trop rapidement du deſtin des Etats , & faire la guerre ſan rien donner au hazard ; tel eſt le grand Art que MAURICE déploye dans cette Campagne , où il fit connoître au monde la ſupériorité que le génie a ſur la force , Campagne égale à celle de Fabius en Italie , & de Turenne en Allemagne , & qui un jour ſervira elle-même de leçon à la poſtérité.

Cependant le nombre de nos ennemis augmente encore. (s) Ce Peuple actif, commerçant & laborieux , reſpectable par ſa liberté, puiſſant par ſes richeſſes , vainqueur de la Mer qu'il a ſu aſſervir par ſes flottes

&

---

(s) Dans l'hiver de 1745. il ſe conclut un Traité d'union à Varſovie, entre la Reine de Hongrie, le Roi d'Angleterre l'Electeur de Saxe, & la Hollande. L'Ambaſſadeur des Etats-Généraux ayant rencontré le Maréchal de Saxe dans la Galerie de verſailles, lui demanda ce qu'il penſoit de ce Traité. *Cela eſt fort indifférent à la France*, reptit le Maréchal ; *mais ſi le Roi mon Maître veut me donner carte-Blanche, j'en irai lire l'original à la Haye, avant que l'année ſoit paſſée.*

& dompter par ſes digues, emporté par le tourbillon qui agite l'Europe, s'arme pour ſes anciens oppreſſeurs, pour les rivaux de ſon commerce, contre la Nation qui l'avoit autrefois aidé à briſer ſes fers, & qui lui offroit alors ſon alliance. L'Europe ſe ligue contre la France ; & la France oppoſe MAURICE à l'Europe.

Déja il a ſu tromper la vigilance de ces fiers ennemis. Tournai eſt inveſti en leur préſence, & cette Place eſt prête à ſuc-comber. L'Angleterre, l'Autriche, Hanovre & la Hollande réuniſſent leurs forces pour la défendre. Ils approchent. MAU-RICE a formé le projet audacieux de continuer en même tems un ſiege & de livrer une bataille. LOUIS accourt avec ſon Fils. Il vient partager avec ſes ſujets la gloire & le danger de cette fameuſe journée. * O champs de Fontenoy ! vous allez enfin décider cette grande querelle. C'eſt dans cet eſpace étroit qu'eſt renfermée la deſtinée de quatre Empires.

Que ceux qui veulent ſavoir juſqu'où peut aller la force d'une grande ame, s'arrêtent ici pour contempler MAURICE. Il

C 2

eſt

---

* Bataille de Fontenoy le 11. Mai 1745.

eſt expirant; (t) & c'eſt lui qui eſt dépoſi
taire du ſort de la France. Ce ſont des
mains mourantes qui ſoutiennent ce fardeau
immenſe. On diroit que les loix de l'humanité ne ſont point faites pour lui, &
que ſon ame guerriere eſt indépendante du
corps qu'elle habite. Son génie ſemble s'é-
lever davantage parmi les ruines de ce corps
qui s'écroule. Ange tutélaire de la France, veille ſur lui. Déja il a meſuré d'un
œil rapide toute l'étendue du terrein, il a
vu tous les avantages qu'il peut ou prendre ou donner, il a pénétré les projets des
ennemis par leur arrangement, il a choiſi
tous ſes poſtes, combiné les rapports de
toutes les poſitions, fixé tout pour l'attaque

---

(t) Lorſque la Bataille de Fontenoy ſe livra le Maréchal de Saxe étoit preſque mourant. Il ſe faiſoit traî-
ner dans une voiture d'oſier, pour viſiter tous les poſtes. Pendant l'action il monta à cheval ; mais ſon ex-
trême foibleſſe faiſoit craindre qu'il n'expirât à tous
momens. C'eſt ce qui fit dire au Roi de Pruſſe dans u-
ne lettre qu'il lui écrivit long-temps après, ,, qu'agi-
,, tant il y a quelques jours la queſtion de ſavoir quel-
,, le étoit la Bataille de ce ſiecle qui avoit fait le plus
,, d'honneur au Général ; les uns avoient propoſé celle
,, d'Almanza, & les autres celle de Turin; mais qu'en-
,, fin tout le monde étoit tombé d'accord que c'étoit
,, ſans contredit celle dont le Général étoit à la mort
" lorſqu'elle ſe donna. "

que, tout prévu pour la defénfe : il a dif-
tribué aux Héros qui le fecondent, les détails de l'exécution, & s'eft réfervé pour lui
la partie la plus fublime, celle d'attendre
les hafards & de les maîtrifer.

Tout s'ébranle. Ces grands corps fe
heurtent & s'entrechoquent. MAURICE
tranquille au milieu de l'agitation, obferve
tous les mouvemens avec le fang froid de
la fupériorité, prend confeil des événemens, diftribue des fecours, donne des ordres, répare les malheurs. Sa tête eft auffi
libre que dans le calme de la fanté. Il bra-
ve doublement la mort : il fait porter dans
tous les lieux où l'on combat, ce corps
foible qui femble renaître & fe multiplier
par l'activité de fon ame. C'eft de ce corps
mourant que partent ces regards perçans &
rapides qui reglent, changent, ou fufpen-
dent les événemens, & font les deftins de
cent mille hommes. La fortune combat pour
nos ennemis. Une utile terreur (*v*) a for-

C 3 mé

---

(*v*) Cette fameufe Colonne dont on a fait honneur au génie de nos Ennemis, fut prefque l'ouvrage du hafard. L'Infanterie Angloife étoit d'abord rangée fur deux lignes ; & fes
flancs expofés au feu de notre artillerie, fouffroient beaucoup.
Ce fut ce qui obligea cette Infanterie à fe refferrer pour
pré-

mé cette colonne dont les effets ont été regardés comme le chef-d'œuvre d'une Art terrible & profond. Toujours ferme, toujours inébranlable , elle s'avance à pas lents, elle vomit des feux continuels, elle porte par tout la deſtruction. Trois fois nos Guerriers attaquent ce rampart d'airain , trois fois il ſont forcés de reculer. L'ennemi pouſſe des cris de Victoire , le deſtin de la France chancelle , la Nation tremble pour ſon Roi. MAURICE voit des reſſources où l'armée entiere n'en voit plus. Au milieu de cette confuſion & de ce trouble , il ramaſſe toutes les forces de ſon ame. Une triple attaque eſt en même tems formée ſur un nouveau plan. La colonne eſt rompue, le Génie de la France ſe raſſure ' & L O U I S eſt Vainqueur. O MAURICE ! puiſque tu n'es plus, permets au moins qu'un Citoyen obſcur mais ſenſible s'adreſſe à ta cendre : reçois

---

préſenter un front moins large , & à former ce bataillon quarré qui fit tant de progrès & de ravages , & qui donna pendant une heure entiere la victoire à nos Ennemis. Le Maréchal de Saxe pour l'enfoncer, le fit attaquer en même tems de front & par les deux flancs. Ces trois attaques concertées enſemble , & exécutées avec la plus grande intrépidité , arracherent enfin la victoire aux Anglois.

çois pour ce grand bienfait les hommages de mes Concitoyens & les miens : la poſtérité te doit ſon admiration , mais nous , nous te devons un ſentiment plus tendre, nous devons chérir & adorer ta mémoire.

Les grandes batailles, ſemblables aux tremblemens de terre , donnent preſque toujours de violentes ſecouſſes aux Etats ; & plus le choc a été terrible , plus l'ébranlement s'étend & ſe communique au loin. Tournay, Gand , Bruges, Oudenarde , Oſtende , Ath & Nieuport , tombent devant les Vainqueurs de Fontenoy. Bruxelles qui étoit défendue par une armée entiere, par dix-ſept Généraux , par les rigueurs exceſſives de la ſaiſon , dans le tems qu'elle croyoit MAURICE loin d'elle, eſt étonnée de ſe voir preſqu'en même tems inveſtie, aſſiégée & priſe au milieu des glaces de l'hyver. A ces conquêtes en ſuccedent d'autres non moins rapides. Malines , Anvers , Mons , Louvain , Charleroi , ouvrent leurs portes aux Héros de la France. Namur eſt foudroyé ſur ſes rochers. La honte irrite le courage de nos ennemis. Déja ils ont oublié la Journée fatale de Fontenoy. Ils oſent tenter une ſeconde fois la ſortune. *Une

C 4

nou-

* Bataille de Raucoux le 11ᵉ Octobre 1746.

nouvelle bataille eſt pour MAURICE un nouveau triomphe. Raucoux ſera témoin de leur défaite. Tout ce que le génie de la guerre a pu inventer de plus terrible, ſe réunit ici. Je vois une armée nombreuſe & intrépide, poſtée ſur des hauteurs, retranchée de toute part, ſoutenue par des redoutes, défendue par cent pieces d'artillerie dont le feu combiné annonce une deſtruction preſqu'inévitable. MAURICE a tout vu & tout diſpoſé. Trois attaques ſe forment preſque en mêmes tems contre trois poſtes. Rien n'égale l'opiniâtreté de l'attaque que celle de la défenſe. Des deux côtés c'eſt la valeur qui combat ; mais MAURICE guidoit la valeur des François, & il ont vaincu. Les ennemis fuyent à pas précipités, & mettent la meuſe entre eux & leur Vainqueur.

LOUIS qui doit à MAURICE des jours auſſi brillans, n'a point la foibleſſe orgueilleuſe de ces anciens maîtres du Monde, plus fameux encore par leurs vices que par leurs grandeur, chez qui les vertus étoient dangereuſes, & qui ne pardonnoient preſque jamais la gloire d'avoir bien ſervi l'Etat. * Le
Gé-

---

* Ac ne notabilis celebritate & frequentiâ occurrentium introitus eſſet, vitato amicorum officio, noctu in urbem,

Général qui avoit vaincu, en arrivant dans ces Cours foibles & barbares, étoit forcé de cacher ſes victoires comme des crimes, & après de froids embraſſemens, unique témoignage d'une reconnoiſſance forcée, pour faire oublier ſa gloire, il ſe hâtoit de ſe confondre dans la foule des eſclaves. LOUIS ſe ſent aſſez grand pour ne pas ſe croire humilié par un grand Homme: & il ne craint que de n'être pas aſſez puiſſant pour récompenſer tant de ſervices. Il ſait que l'honneur eſt l'aliment de l'ame des Héros. (x) Des

diſ-

---

noctu in Palatium, ita ut præceptum erat, venit; exceptuſque brevi oſculo & nullo ſermone, turbæ ſervientium immixtus eſt. *Tacit. ex vita Agric.*

(x) Au mois d'Avril 1746. le Roi donna au Maréchal de Saxe des Lettres de Naturalité. Elles ſont conçues dans les termes les plus honorables & les plus flatteurs. Après la Bataille de Raucoux, il lui fit préſent de ſix pieces de canon qui faiſoient partie de l'artillerie priſe ſur les ennemis; honneur rare, & qui de la part d'un Roi eſt la marque de la plus grande confiance. Il lui avoit déja donné le Château de Chambord pour en jouir durant ſa vie comme d'un bien propre. Le Mariage de Mr. le Dauphin avec la Princeſſe Royale de Saxe, mit le comble à la conſideration dont jouiſſoit le Maréchal. En 1747. il fut créé Maréchal Général de toutes les Armées du Roi. Les proviſions ſont datées du 12. Janvier. Enfin au mois de Janvier 1748. le Roi le nomma Commandant Général de tous les Pays-Bas nouvellement conquis. Je ſuis entré dans tous ces détails, parce qu'ils font autant d'honneur

au

diſtinctions nouvelles ſont créées pour celui qui a fait des exploits nouveaux. Un titre *
ſuprême qui avoit été la plus digne récompenſe de Turenne au milieu de ſes triomphes, & de Villars au bord du tombeau , ſoumet à MAURICE toutes les armées de LOUIS. Une confiance plus flatteuſe que les dignités lui donne un ami dans un Roi. L'envie qui n'oſe élever ſes regards juſqu'à lui, frémit en l'admirant,& ne murmure que dans la pouſſiere.

MAURICE vole à de nouvelles victoires. En vain l'Autriche & l'Angleterre épuiſent leur ſang & leurs tréſors contre la France. En vain leur politique pour déterminer la lenteur circonſpecte de la Hollande, a ſu engager ces Républicains à ſe nommer un Chef qui réunît dans ſa main les rênes du Pouvoir , qui donnât plus d'harmonie & d'activité a leurs deſſeins. Ils ont ſacrifié leur liberté ſans augmenter leurs reſſources ; & leurs craintes imaginaires les précipitent enfin dans des maux réels. MAURICE a pénétré dans la Flandre Hollandoiſe , & chaque pas qu'il y fait eſt marqué par des conquêtes. Les nou-

ve-

---

au Souverain qui récompenſe , qu'au Sujet qni merite de l'être.

* Titre de Maréchal Général de toutes les Armées du Roi.

veaux efforts des Alliés leur annoncent de nouvelles difgraces. * Laufelt théatre d'un combat fanglant, confacre le nom de MAU-RICE par une troifieme Victoire. Une entreprife hardie & que le fuccés feul peut juf-tifier, eft la fuite de cette bataille. ( *y* ) Une Ville qui avoit été l'écueil des deux plus fameux Capitaines de leur fiecle , & que les Nations regardoient comme imprenable, eft affiégée, attaquée & emportée d'affaut. Si MAURICE n'eut point la gloire de cette conquête , il eut celle d'en avoir formé le projet, & d'avoir appellé au fervice de la

Fran-

---

* Bataille de Laufelt le 2. Juillet 1747.

( *y* ) Berg-op-Zoom avoit été affiégée deux fois , l'une par le Prince de Parme en 1588., l'autre par *Spinola* en 1622., & ces deux Généraux avoient vu tous leurs efforts échouer devant cette Place. La conquête en étoit plus difficile encore, depuis les ouvrages immenfes que le célebre Cohorn avoit ajoutés aux anciennes fortifications. Les inondations des marais, l'abondance de toutes fortes de provifions, trois cens pieces d'artillerie, une garnifon nombreufe , une armée redoutable qui étoit aux portes de la Ville, tout confpiroit à faire croire à l'Europe qu'une telle entreprife ne pouvoit réuffir. Mr de Lowendahl vainquit tous les obftacles; & la Ville fut prife l'épée à la main le 11. Septembre 1747., lorfque la brêche étoit à peine praticable. On trouva dans le Port dix - fept grandes barques chargées de provifions, avec cette adreffe en gros caracteres, *à l'invincible garnifon de Berg-op-Zoom.*

France l'illuftre Danois qui l'exécuta. Il eut la gloire encore plus rare d'employer un grand Homme fans en être jaloux. Le bruit de cette chute retentit dans toute l'Europe. La Hollande épouvantée tremble pour fes Etats. L'Autriche & l'Angleterre connoiffent alors qu'il n'y a point de barriere qui puiffe arrêter la fortune de la France.

Rois, Peuples, Guerriers, foyez attentifs au dernier fpectacle que MAURICE vous prépare. Quel eft ce nouveau projet qu'il a formé ? Que fignifient tous ces mouvemens combinés, ces marches favantes ? Quel fera le point de réunion de tous ces corps de troupes divifés? Sur qui doit tomber l'orage qui gronde ? Trois Villes fe croyent menacées en même tems. Les Alliés incertains ignorent quel eft le pofte qu'ils doivent abandonner, & celui qu'ils doivent défendre. Ils s'agitent, ils fe troublent. La foudre les éclaire en tombant. Maftricht eft enveloppé. Quatre-vingt mille hommes qui font préfens, ne peuvent arrêter MAURICE, & font réduits à l'admirer. C'en eft fait ; tant de fuccés ont décidé du fort de la guerre. LOUIS Conquérant accorde la paix aux Nations par humanité, & fes ennemis vaincus l'acceptent par befoin. Les victoires de MAU-

RI-

RICE ont donné repos au monde.

Ce grand Homme, cher à L O U I S, adoré de la Nation, craint & refpecté de toute l'Europe , efpéroit jouir paifible- ment de fa gloire dans le fein du repos ; & la France l'efpéroit avec lui. On n'ap- prochoit de fa retraité de Chambord qu'a- vec ce refpect religieux qu'infpire le fé- jour des grands Hommes. Son Palais étoit regardé comme le Temple de la valeur & le Sanctuaire des vertus guerrieres. Mais ô foibleffe ! ô néant ! Ce Temple va devenir un tombeau. Il femble que MAURICE ne devoit exifter que pour faire des gran- des chofes , ou que fon deftin rapide n'eût été fufpendu que pour la France: Dès qu'il a ceffé de vaincre , il difparoît de deffus la terre. Il meurt : [z] & celui qui avoit été élu

Sou-

---

(z) Le Maréchal de Saxe mourut à Chambord le 30. Novembre 1749. après neuf jours de maladie. Son in- tention avoit été de n'avoir ni fépulture ni pompe fune- bre. Il avoit demandé que fon corps fût brûlé dans de la chaux vive , *afin*, ajouta-t-il *qu'il ne refte plus rien de moi dans le monde , que ma mémoire parmi mes amis.* Le Roi, trop jufte & trop fenfible pour foufcrire à cette demande , voulut donner à fes fujets l'exemple d'honorer ce grand Homme, même lorfqu'il n'étoit plus. Son corps fut embaumé, & traf- porté avec la plus grande pompe à Strasbourg, pour y être inhumé dans l'Eglife Luthérienne de St. Thomas. On pr

Souverain par un Peuple libre, qui avoit été comblé de tant d'honneurs, qui avoit gagné tant de batailles, qui avoit pris ou défendu tant de Villes, qui avoit vengé ou vaincu les Rois, qui étoit l'amour d'une Nation & la terreur de toutes les autres, compare en mourant sa vie à un songe.

Sa mort fut une calamité publique pour la France, un grand événement pour l'Europe, une perte pour l'humanité. LOUIS s'honora lui-même, en honorant ce grand Homme de ses regrets. Les Courtisans qui sont si peu sensibles, furent attendris sur un destin si brillant & si Passager. Le Peuple qui est la partie la plus méprisée & la plus vertueuse de l'Etat, pleura l'appui & le défenseur de la Patrie. Mais vous Guerriers qu'il conduisoit dans les batailles, vous que tant de fois il a menés à la victoire, quels furent alors vos sentimens? Pour les peindre, je

n'au-

---

prodigua à sa cendre tous ces honneurs funebres si vains lorsqu'ils ne sont accordés qu'aux titres & à la naissance, si respectables lorsque c'est un hommage que la reconnoissance rend au mérite. Le beau Mausolée dont le modele a déja été admiré au Louvre, & qui doit être exécuté en marbre par le célebre Pigale, cet homme si digne d'immortaliser les Héros, achevera de consacrer la reconnoissance du Roi, & la gloire du Maréchal.

n'aurai pas recours aux vains artifices de l'é-
loquence. Les grands mots expriment foi-
blement les grandes douleurs. Je voudrois
graver fur l'airain une action que l'Univers
doit apprendre, & dont la poftérité doit conferver le fouvenir. Après que le corps de
MAURICE eût été tranfporté dans la capitale de l'Alface, deux foldats qui avoient fervi
fous lui, entrent dans le Temple où étoit
dépofée fa cendre. Ils approchent en filen-
ce, le vifage trifte, l'œil en pleurs. Ils
s'arrêtent aux pieds du tombeau, le regar-
dent, l'arrofent de leurs larmes. Alors l'un
d'eux tire fon épée, l'applique au marbre de
la tombe, comme pour en aiguifer le tran-
chant. Saifi du même fentiment fon compa-
gnon imite fon exemple. Tous deux enfuite
fortent en pleurant, l'œil fixé fur la terre,
& fans proférer un feul mot. S'il eft un
homme à qui cette action ne paroiffe par l'ex-
preffion la plus fublime du fentiment dans
des ames fimples & guerrieres, la nature lui
a refufé un cœur. Ils penfoient ces deux
Guerriers que le marbre qui touchoit aux
cendres de MAURICE, avoit le pouvoir de
communiquer la valeur & de faire des Héros.
Vous ne vous trompez pas, dignes foldats de
MAURICE : tandis que fon ombre, du milieu de l'Alface qu'elle habite, fémera encore

re la terreur chez nos ennemis , & gardera
les bords du Rhin , la vue du marbre qui
renferme fa cendre , élévera l'ame de tous
les François , leur infpirera le courage , la
magnanimité , l'amour généreux de la gloire,
le zele pour le Roi & pour la Patrie.

239

9 782014 083392